A. Schweitzer
Die psychiatrische Beurteilung Jesu

Albert Schweitzer

Die psychiatrische Beurteilung Jesu

Darstellung und Kritik

Georg Olms Verlag
Hildesheim · Zürich · New York
2022

Dem Nachdruck liegt das Exemplar
der Universitätsbibliothek Erlangen zugrunde.

9. Nachdruck der Ausgabe Tübingen 1933
Gedruckt auf alterungsbeständigem und säurefreiem Papier
Mit freundlicher Genehmigung des Verlages
J. C. B. Mohr (Paul Siebeck), Tübingen
Printed in Germany
Georg Olms Verlag, Hildesheim 2022
ISBN: 978-3-487-09759-6

Vorrede.

In der vorliegenden Arbeit habe ich es unternommen, die bei David Friedrich Strauß zum ersten Male auftretende und in neuerer Zeit von manchen Historikern und Medizinern wiederholte Vermutung, daß der in der Vorstellungswelt des Buches Daniel und der spätjüdischen Apokalyptik lebende und sich für den bald in überirdischer Glorie erscheinenden „Menschensohn" und „Messias" haltende Jesus irgendwie psychopathisch zu beurteilen sei, einer eingehenden Prüfung zu unterziehen.

Ich fühlte eine gewisse Verpflichtung zu dieser Aufgabe, da ich in meiner „Geschichte der Leben-Jesu-Forschung" (Tübingen 1906; zweite Auflage 1913) das Apokalyptische und nach modernen Begriffen Phantastische in der Vorstellungswelt des Nazareners stärker herausgearbeitet habe als sonst einer der auf diesem Gebiet arbeitenden Forscher und deswegen von H. J. Holtzmann und anderen immer wieder darauf aufmerksam gemacht wurde, daß ich einen Jesus darstelle, dessen Anschauungswelt sich wie ein „Wahnsystem" ausnehme, wobei man es an warnenden Hinweisen auf die medizinischen Arbeiten, die die „Paranoia" des jüdischen Messias erwiesen zu haben glaubten, nicht fehlen ließ.

Da ich neben den theologisch-historischen auch medizinische Studien getrieben habe, glaubte ich mich zu einer Prüfung der Vermutungen, Aeußerungen und Arbeiten über den Geisteszustand

Jesu insoweit befähigt, als es mir möglich ist, mir ein Urteil zugleich über die Resultate der kritisch-historischen Forschung und die psychiatrisch in Betracht kommenden Maßstäbe zu bilden.

Daß ich über die zu diesem Unternehmen nötige Unbefangenheit verfüge, glaube ich durch meine bisherigen Studien auf dem Gebiete der Leben-Jesu-Forschung erwiesen zu haben. Sollte es sich wirklich herausstellen, daß dem Mediziner die Anschauungswelt Jesu irgendwie als „krankhaft" gelten muß, so darf dies, unbeschadet aller daraus zu ziehenden Konsequenzen und des sich für viele ergebenden Anstoßes, nicht unausgesprochen bleiben, da die Ehrfurcht vor der Wahrheit über alles zu stellen ist. Mit diesem Entschlusse trat ich an die Arbeit heran, indem ich das unangenehme Gefühl, eine große Persönlichkeit einer psychiatrischen Prüfung unterwerfen zu müssen, in mir niederkämpfte und erwog, daß das Große und Tiefe, was der Ethiker Jesus ausgesprochen hat, seine Bedeutung behält, wenn auch das Vorstellungsmäßige in seiner Weltanschauung und gewisse seiner Handlungen als mehr oder weniger krankhaft angesprochen werden müßten.

Im Verlaufe der Untersuchung ist es mir aber klar geworden, daß die Forscher, die Psychopathisches bei dem apokalyptisch denkenden Jesus statuiert haben, das für uns Einzigartige und Fremdartige in seiner Gedankenwelt mit dem Krankhaften identifiziert haben, ohne sich über die Berechtigung dieser scheinbar so naheliegenden Gleichsetzung im allgemeinen und im besonderen des vorliegenden Falles des näheren Rechenschaft zu geben. Geht man auf diese entscheidende Frage ein, so ergibt sich, daß die Vollziehung der obigen Gleichung, wie sie in den in Frage kommenden Aeußerungen von Historikern und Medizinern vorliegt, nach den durch die moderne Psychiatrie gegebenen Maßstäben zu Unrecht geschehen ist.

Die Durchführung der Untersuchung, welche — mit Ausnahme der die Arbeit von Rasmussen betreffenden zusätzlichen Bemerkungen und der erweiterten Schlußfolgerungen — den Inhalt meiner medizinischen Dissertation bildet, wäre mir ohne die wertvollen Direktiven des Herrn Geheimrat Professor Dr. Wollenberg (Straßburg) und die weitgehende Beratung und Unterstützung durch Herrn Professor Dr. Pfersdorff (Straßburg) nicht möglich gewesen. Beiden sei hiermit von Herzen Dank gesagt.

Viele Erkenntlichkeit schulde ich Herrn Pfarrer Leyrer (Schirmeck, Unter-Elsaß) und Herrn Privatdozenten Lic. Menegoz (Straßburg) für die Erledigung der Korrektur.

Im März 1913.

Albert Schweitzer.

Die pathographische Methode, die es als ihre Aufgabe ansieht, krankhafte Abweichungen bedeutender Persönlichkeiten in ihren Beziehungen zu deren Wirken zu erforschen, ist neuerdings etwas in Mißkredit gekommen. Dies liegt nicht an der Methode, die in richtiger Beschränkung und in der Hand berufener Forscher Wertvolles leisten kann und geleistet hat, sondern an ihrer fehlerhaften Anwendung durch Unberufene. Die Voraussetzungen, die für eine erfolgreiche Arbeit auf diesem Gebiet erforderlich sind — genaue Quellenkenntnis und hinreichende medizinische, meist psychiatrische Erfahrung, beides beherrscht durch kritische Begabung — finden sich selten vereint.

Vielfach begegnet man demgemäß auf diesem Gebiet Mißgriffen gröbster Art, die durch das Fehlen der einen oder der anderen dieser Voraussetzungen, zuweilen auch aller, verursacht werden.

Es hat immer sein Bedenkliches und widerspricht aller psychiatrischen Gepflogenheit, lediglich aus Akten über eine Persönlichkeit zu urteilen. Wenn dies schon für die Gegenwart gilt, wieviel mehr muß da Zurückhaltung geübt werden, wo es sich um Individuen einer weit zurückliegenden Epoche und um unvollständige oder unsichere Ueberlieferung handelt. Deshalb erscheinen uns die immer wiederkehrenden Beispiele historischer Epileptiker, wie Mohammed, Julius Cäsar und selbst noch Napoleon I, so fragwürdig und legendenhaft. Noch unsicherer ist der Boden, auf dem wir schreiten, wenn wir die Psyche von Personen aus längst vergangenen Epochen im Sinne unserer heutigen Psychiatrie zu erforschen suchen.

Die Psychiater von heute stehen deshalb auch zum großen Teil den pathographischen Arbeiten ablehnend gegenüber, teils weil sie die gegenwärtige Psychiatrie nicht für so vollkommen und stabilisiert halten, daß sie in ihr einen für alle Vorgänge der Menschheit brauchbaren Maßstab sehen, teils weil sie wissen, daß jede menschliche Lebensäußerung aus ihrer Zeit verstanden werden muß.

Wenn hiernach gewisse Vorurteile gegen die pathographische Literatur auch vom allgemeinen Gesichtspunkt gerechtfertigt sind, so ergeben sich aus der Art der Probleme noch leicht Ablehnungsmotive besonderer Art, und diese erhalten einen außerordentlichen Gefühlswert naturgemäß dann, wenn es sich darum handelt, das Leben Jesu pathographisch zu durchforschen, wie das von verschiedenen Seiten geschehen ist.

Um so mehr scheint es aber gerade hier geboten, das Vorhandensein der oben als erforderlich bezeichneten Voraussetzungen zu untersuchen.

Die Aufgabe, die sich diese Arbeit stellt, läßt sich also so fassen, daß die Behauptungen, welche die sich mit Jesus beschäftigenden medizinischen Autoren aufgestellt haben, einer Nachprüfung vom Standpunkt des Psychiaters und Historikers unterzogen werden sollen.

Der Verdacht, daß die Psyche Jesu irgendwie krankhafte Züge aufweisen könne, wurde von der Geschichtsforschung ausgesprochen, lange, ehe sich die Psychiatrie mit der Person des Nazareners beschäftigte. Als David Friedrich Strauß als erster das historische Material unmittelbar auf sich wirken ließ, mußte er konstatieren, daß Jesus in der, wie sein Biograph sich ausdrückt, „abenteuerlichen" Vorstellung gelebt habe, er sei dazu bestimmt, in Bälde auf den Wolken des Himmels, von überirdischer Glorie umflossen und von Engeln umgeben, als der erwartete Messias zum Weltgericht und zur daran sich anschließenden Errichtung des himmlischen Reiches zu erscheinen.

In seinem ersten Leben-Jesu [1]) konstatiert er daraufhin, daß Jesus nach unseren Begriffen als ein „Schwärmer" bezeichnet werden müsse. Zugleich aber sucht er zu erklären, wieso der Nazarener, obwohl er sich von jener „abenteuerlichen Vorstellung" gefangen nehmen ließ, dennoch als ein „besonnener Mann" gelten könne, und weist zu diesem Zwecke darauf hin, daß er mit seiner Erwartung in den allgemeinen messianischen spätjüdischen Anschauungen wurzelt.

Als er 1864 sein zweites Leben-Jesu schrieb, empfand er das „Abenteuerliche" in dem Wiederkunftsgedanken so stark, daß er, wie er sich in einem Brief an Wilhelm Lang ausdrückt, die Idee „als dem Wahnsinn ganz nahe" stehend zu betrachten geneigt war und dementsprechend Zweifel hegte, ob die diesbezüglichen Aussprüche wirklich von Jesus herrührten. Darum entschied er sich dafür, sie in seiner Darstellung ganz in den Hintergrund treten zu lassen, was ihm von verschiedenen Kritikern als ein Abfall von seiner besseren Erkenntnis von 1835 vorgehalten wurde [2]).

In den letzten Jahrzehnten ist die Geschichtsforschung immer mehr zur Erkenntnis gekommen, daß die Erwartung der messianischen Wiederkunft das Zentrum der Gedanken Jesu bildet und sein Empfinden, Wollen und Handeln viel stärker beherrscht, als

1) David Friedrich Strauß, „Das Leben Jesu", 2 Bde., Tübingen 1835, 1480 S.

2) David Friedrich Strauß, „Das Leben Jesu fürs deutsche Volk bearbeitet", 1864, 631 S. — Die briefliche Aeußerung an Wilhelm Lang wird in Theobald Zieglers „David Friedrich Strauß", Teil II (1908), auf S. 608 und 609 zitiert.

man bisher annahm. Zugleich aber wollen die von D. Fr. Strauß geäußerten Bedenken nicht verstummen. Immer und immer wieder wird den Darstellungen, die, um mit diesem zu reden, das „Abenteuerliche" und „Schwärmerische" an der Vorstellungswelt Jesu in den Vordergrund stellen, der Vorwurf gemacht, daß sie eine Persönlichkeit zeichnen, die deutlich krankhafte Züge aufweist [1]).

In der modernsten Phase der Forschung dreht sich die Diskussion fast einzig darum, bis zu welchem Grade derartige Vorstellungen bei Jesus als authentisch anzuerkennen sind. Es sind sogar eine Reihe von Versuchen unternommen worden, die darauf hinauslaufen, die Worte, in denen Jesu messianische Ansprüche und die Erwartung seiner Wiederkunft ausgesprochen werden, sämtlich als unhistorisch darzutun. Diesen Hypothesen zufolge wäre der Nazarener ein einfacher jüdischer Lehrer gewesen, den erst seine Anhängerschaft, nach seinem Tode, zum Range des erwarteten Messias erhob, wobei sie dann dazu fortschritt, ihm selber schon diesbezügliche Andeutungen und Aussagen in den Mund zu legen [2]). Jedoch läßt sich eine derartige Unterscheidung

---

1) In dieser Richtung äußern sich, neben andern, Forscher wie H. J. Holtzmann und Adolf Jülicher. (Siehe H. J. Holtzmann, „Das messianische Bewußtsein Jesu", 1907, S. 80 und 81.) Noch stärker gibt Theobald Ziegler diesen Bedenken Ausdruck („David Friedrich Strauß", Bd. II, S. 609). — Siehe auch Hermann Werner, „Der historische Jesus der liberalen Theologie, ein Geisteskranker" (Neue kirchl. Zeitschrift, XXII, 1911, S. 347—390).

Von nichtmedizinischen Werken über die Psyche Jesu sind noch zu erwähnen die Arbeiten von Oskar Holtzmann („War Jesus Ekstatiker", 1903, 143 S.) und Julius Baumann („Die Gemütsart Jesu", 1908, 80 S.)

2) Den scharfsinnigsten Versuch in dieser Richtung hat William Wrede in seiner berühmten Studie „Das Messiasgeheimnis in den Evangelien" (Göttingen 1901, 286 S.) unternommen.

zwischen echten und unechten Worten in den Quellen nicht durchführen. Es muß also angenommen werden, daß Jesus sich für den Messias gehalten und seine glanzvolle Wiederkunft auf den Wolken des Himmels erwartet hat. Die zurzeit vorliegende pathographische Jesus-Literatur umfaßt die Werke von Dr. de Loosten[1]), Dr. William Hirsch[2]) und Dr. Binet-Sanglé[3]); nebenbei sei noch die Studie des wohl von medizinischer Seite beratenen Dr. phil. Emil Rasmussen erwähnt[4]).

Es sei zunächst eine kurz zusammenfassende Darstellung des wesentlichen Inhalts dieser Schriften gegeben.

De Loosten kommt zu folgendem Resultat[5]). Jesus, führt er aus, ist wahrscheinlich ein von Geburt her erblich belasteter Mischling gewesen, der als geborener Entarteter bereits in früher Jugend auffiel durch ein übermäßig stark ausgeprägtes Selbstbewußtsein verbunden mit einer hohen Intelligenz und einem gering entwickelten Familien- und Geschlechtssinn. Sein Selbstbewußtsein habe sich in langsamer Entwicklung bis zu einem fixierten Wahnsystem gesteigert, dessen Einzelheiten durch die in-

---

1) De Loosten (Dr. Georg Lomer), „Jesus Christus vom Standpunkte des Psychiaters", Bamberg 1905, 104 S.

2) William Hirsch, „Religion und Zivilisation vom Standpunkte des Psychiaters" (Deutsch aus dem Englischen), München, 652 S. — Ueber Jesus, S. 87—164.

3) Binet-Sanglé, „La folie de Jésus", Bd. I, 1911 (3. Aufl.), 372 S.: „Son hérédité; sa constitution; sa physiologie". — Bd. II, 1910 (3. Aufl.), 516 S.: „Ses connaissances; ses idées; son délire; ses hallucinations". — Bd. III, 1912 (1. Aufl.), 537 S.: „Ses facultés intellectuelles; ses sentiments; son procès." — Bd. IV verspricht: „La morale et les actes; groupement et comparaison des symptômes."

4) Emil Rasmussen, „Jesus. Eine vergleichende psychopathologische Studie". (Deutsch von Arthur Rothenburg.) Leipzig 1905, 166 S.

5) Siehe S. 90 und 91.

tensive religiöse Richtung der Zeit und seine einseitige Beschäftigung mit den Schriften des Alten Testaments bedingt waren.

Den Anstoß zum Nachaußentragen seiner Ideen habe Jesus durch das Auftreten Johannes des Täufers empfangen. Schritt für Schritt fortschreitend [1]) gelangte er am Ende dazu, alle Verheißungen der Schrift, die durch das nationale Unglück wieder jung geworden waren und deren endliche glänzende Erfüllung von allen Herzen gehofft wurde, zu seiner Person in Beziehung zu setzen.

Jesus sah sich ganz als ein übermenschliches Wesen an. Denn nur so und nicht anders könne man sich sein Verhalten denken, wenn er sich göttliche Rechte wie die Sündenvergebung [2]) zumesse.

Daß er die von ihm in Anspruch genommene messianische Würde soviel als möglich geheim gehalten habe, motiviert de Loosten psychologisch [3]) aus der Ueberlegung, daß Jesus damals noch nicht genug Anhang zu besitzen glaubte, um seine Ansprüche durchzusetzen.

Aus dem Spruch an den Jünger, der sich zur Beerdigung seines Vaters begeben wollte „Folge mir nach und laß die Toten ihre Toten begraben" (Matth 8 22), sowie aus andern Worten folgert de Loosten einerseits, daß Jesus den Beginn seiner göttlichen Idealherrschaft als unmittelbar bevorstehend annahm, und anderseits, daß er nicht mehr natürlich menschlich empfand. Der Gang nach Jerusalem wird als tollkühner Gedanke bezeichnet [4]), durch eine Art Gewaltstreich seine lange genährten und tausendmal ausgesprochenen Ansprüche durchzusetzen.

---

1) Siehe S. 34.
2) De Loosten führt Matth 9 2, Mc 2 5—12, Luc 5 20 und 7 48 an.
3) Siehe S. 48.
4) Siehe S. 72.

Nach der Depression in Gethsemane breche, beim Nahen der Häscher, sein Wahnsystem plötzlich in alter Kraft durch [1]). Dasselbe finde bei dem Verhör vor dem Hohen Rat statt, bei welchem Jesus dem Hohepriester in Aussicht stellt, daß ihn die Richter als Menschensohn zur Rechten Gottes sitzend und in des Himmels Wolken kommend sehen werden [2]). Aus Johannes 7 16—20 wird schließlich noch eine Verfolgungsvorstellung angeführt [3]).

Ueber das Affektleben äußert de Loosten, daß die Stimmung Jesu durchaus keine gleichmäßig ruhige war und daß er bisweilen seltsamen, anscheinend grundlosen Verstimmungen des Gemüts ausgesetzt gewesen sei [4]). Zum Beweise wird besonders das vierte Evangelium angeführt [5]).

Vor der Verhaftung habe sich Jesus in einer hochgradig nervösen, überreizten Stimmung befunden. Er wußte, ein wie gewagtes Spiel er spielte, und litt schwer unter der Wucht von Befürchtungen und unheilvollen Ahnungen. Nur aus dieser Stimmung heraus werde auch die ganz sinnlose Verfluchung des Feigenbaums verständlich [6]). Die Art, führt de Loosten aus, wie Jesus hier an einem wehrlosen Baum seine Mißstimmung ausließ, ist, wie gesagt, nur als Ausfluß einer schweren Gemütsspannung zu erklären.

Die Austreibung der Wechsler aus dem Tempelvorhof bezeichnet de Loosten als einen höchst auffälligen Gewaltakt.

---

1) Siehe S. 83.

2) Siehe S. 85.

3) Joh 7 16—20: Bei einer Rede in Jerusalem wirft Jesus den Zuhörern ganz unvermittelt vor, daß sie ihm nach dem Leben trachten; diese sind darüber erstaunt und werfen Jesus vor, er sei besessen.

4) Siehe S. 65.

5) Als Hauptstelle wird Joh 12 27 genannt.

6) S. 77 und 78.

Von Sinnestäuschungen erwähnt er die Vorgänge bei der Taufe durch Johannes[1]), eine Vision, welche auf Jesu weitere Entschlüsse offenbar bestimmend eingewirkt habe.

Es handle sich um Halluzinationen auf optischem und akustischem Gebiet, die sicherlich, wie das oft der Fall sei, mit einer lebhaften Erregung des Gemüts einhergingen.

In welcher Häufigkeit Jesus von Halluzinationen heimgesucht worden sei, wissen wir, nach de Loosten, nicht. Er sieht es als wahrscheinlich an, daß Jesus in seinen Entschlüssen auch von ihnen abhing, und daß ähnliche Visionen, wie er sie bei der Taufe hatte, sich später wiederholt gezeigt haben.

Außer den optischen Täuschungen nimmt de Loosten an, daß Jesus höchstwahrscheinlich an Stimmen litt, welche aus seinem Körper zu kommen schienen[2]). Für diesen angeblich in ihm wohnenden übermenschlichen Geist (δαιμόνιον) habe Jesus eine exaltierte Wertschätzung gehegt. Ein Daimonion bestimmte sein Tun und Lassen, und er gehorchte[3]).

Die von ihm über den überlieferten Wortlaut hinaus angenommene Aeußerung Jesu „Es hat mich jemand angerührt, denn ich fühle, daß eine Kraft von mir gegangen ist“[4]) erklärt de Loosten dahin, daß Jesus wohl irgendeine abnorme periphere Sinnesempfindung hatte, etwa im Sinnesgebiete der Haut, und daß er für diese eine Erklärung suchte.

Der Mangel an geschlechtlichem Sinn, der sich in dem Wort über die Eunuchen (Matth. 19 12) dokumentieren soll, wird mit dem bereits erwähnten Fehlen des Familiensinns als ein psy-

1) S. 36. 2) S. 64. 3) S. 73.

4) Mc 5 27—34. In Wirklichkeit hat Jesus nur konstatiert, daß jemand sein Kleid berührt hat. Daß er es auf Grund des Gefühls einer von ihm ausgehenden Kraft getan habe, ist eine naive Mutmaßung des Evangelisten.

chisches Degenerationszeichen par excellence angeführt, welches sich zwanglos dem bisher gewonnenen Bilde seiner Persönlichkeit einfüge.

William Hirsch stellte bei Jesus eine Diagnose, und zwar „Paranoia". „Alles was wir von ihm wissen, entspricht so genau dem klinischen Bild der Paranoia, daß es kaum ersichtlich ist, wie man an der Korrektheit der Diagnose nur zweifeln kann" [1]).

Die Entwicklung der Wahnbildung schildert Hirsch wie folgt [2]). Wir haben einen Knaben mit ungewöhnlichen geistigen Anlagen, der jedoch zu psychischen Störungen prädisponiert ist und bei dem sich allmählich Wahnideen formieren. Seine ganze Mußezeit verwendet er auf das Studium der „heiligen" Schriften, deren Lektüre sicher zu seiner geistigen Erkrankung beigetragen hat. Als er dreißig Jahre alt war, trat er mit voll ausgebildeter Paranoia zuerst an die Oeffentlichkeit. Offenbar, meint Hirsch, handele es sich um einen jener Fälle, wo zwar Wahnvorstellungen unvermittelt und unausgeprägt vorhanden seien, wo dieselben aber eines äußeren Anstoßes und einer starken Emotion bedürfen, um sich zu einem typischen paranoischen Wahngebäude zu systematisieren.

Dieser Anstoß sei Christus von einem andern Paranoiker gegeben worden, und zwar von Johannes dem Täufer [3]). In Jesus waren inzwischen die Wahnideen zu vollster Reife gelangt, und als er von dem „Vorläufer des Messias" hörte, der die sündige Menschheit im Flusse Jordan taufte, begab er sich dorthin, um gleichfalls die Taufe zu empfangen. Die bei dieser Gelegenheit aufgetretenen Sinnestäuschungen werden später besprochen.

Nach der Taufe ging Jesus vierzig Tage in die Wüste. Dieser Aufenthalt sei für uns von dem größten Interesse, da diese vierzig Tage zwischen zwei voneinander grundverschiedenen

1) S. 99. 2) S. 125; S. 100 3) S. 101 ff.

Lebensabschnitten liegen. Die bis dahin isolierten und miteinander unverbundenen Wahnideen vereinigten sich nunmehr zu einem großen systematischen Wahngebäude; zweifellos habe Jesus zu jener Zeit kontinuierliche Zwiegespräche mit Gott dem Vater gehabt, der ihn abgesandt hatte und „dessen Lehre" es war, die er predigte. Ein derartiger Verlauf der Krankheit, eine Uebergangsperiode aus dem latenten in das aktive Stadium der Paranoia, sei durchaus charakteristisch für diese Psychose.

In dem großen, sich über drei Jahre erstreckenden Drama des öffentlichen Auftretens Christi bilde den Mittelpunkt, um den sich alles übrige konzentriere, der unermeßliche, bis ins Unendliche gesteigerte Größenwahn.

Alle seine Reden, Lehren und Predigten kulminieren in einem Wörtchen: „Ich". Hirsch führt für diese Ansicht eine Reihe von Stellen aus dem Johannesevangelium an[1]). Am Schlusse dieser Darlegung versteigt er sich zu der Behauptung, daß kein Lehrbuch für Geisteskrankheiten eine typischere Beschreibung eines sich allmählich entwickelnden und sich bis ins Unendliche steigernden Größenwahns liefern könne, als sie in dem Leben Jesu Christi gegeben sei.

Auch Beziehungswahn findet Hirsch bei Jesus[2]), insofern als dieser alle Weissagungen der Propheten auf sich bezog und glaubte, er sei mit dem Könige gemeint, der über die Welt herrschen würde. Darin soll der Nazarener „eine der wesent-

1) Joh 6 29, 35, 38, 40. 47—58; 7 38; 8 12; 11 25—26; 14 6, 13 ꝛc. Daneben führt er merkwürdigerweise noch das dem Auferstandenen in den Mund gelegte Wort an „Mir ist gegeben alle Gewalt im Himmel und auf Erden" (Matth 28 18). Auch erwähnt er in diesem Zusammenhange Sprüche über den „Menschensohn" aus den beiden ersten Evangelien, ohne zu bemerken, daß dort Jesus nicht von seinem „Ich" redet, da er die Identifizierung seiner Person mit dem Menschensohn in diesen Reden überhaupt nicht vollzieht.

2) S. 126.

lichen Eigenheiten der Paranoiker, alle möglichen Dinge, die sie sehen oder die sie lesen, auf sich zu beziehen", erkennen lassen.

Die Behauptung Jesu, aus Davids Geschlecht zu stammen, setzt Hirsch in Beziehung zu der bekannten Tendenz jugendlicher Paranoiker, ihre wirkliche Abstammung durch eine wahnhafte, expansiv gefärbte zu ersetzen.

Die Verfluchung des Feigenbaumes wird „als Aeußerung eines Paranoikers" dargestellt, jedoch ohne daß Hirsch näher hierauf eingeht.

Zu den Sinnestäuschungen bei der Taufe bemerkt er: „Die Wahnidee, die Jesum so lange erfüllt hatte, daß er der Sohn Gottes sei, und dieser ihn zum Erlöser der Menschheit bestimmt habe, wurde nunmehr in Gesichts- und Gehörshalluzinationen umgesetzt" [1]). Ueber die folgenden vierzig Tage der Einsamkeit bemerkt er: „Während der vierzig Tage in der Wüste muß (!) Jesus kontinuierlich halluziniert haben. Sein Aufenthalt dort kann nur durch Halluzinationen bedingt sein." Alle Aeußerungen Jesu, daß er alles, was er verkündige, von Gott empfangen habe — es kommen vornehmlich johanneische Stellen in Betracht — werden als mit Rücksicht auf vorausgegangene Gehörshalluzinationen gesprochen aufgefaßt.

Auch die Geschichte der „Verklärung Jesu auf dem Berg" (Mc 9 2—8) will Hirsch als halluzinatorisches Erlebnis Jesu verstehen. Als typisches Beispiel einer Illusion wird, nach Joh 12 28—29, angeführt, daß Jesus eine Stimme vom Himmel vernahm, die ihm seine bevorstehende Verherrlichung verkündete, während das Volk einen Donnerschlag hörte [2]).

Binet-Sanglé stellt gleichfalls eine Diagnose, nämlich „religiöse Paranoia". Schulgemäß unterscheidet er drei Stadien:

---

1) S. 101. 2) S. 110.

1. Période de conception et de systématisation.
2. Période hallucinatoire.
3. Période de transformation de personnalité.

Er erörtert die Wahnbildung und die Sinnestäuschungen, soweit das möglich ist, getrennt.

Nach Binet-Sanglé entsteht die primäre Wahnidee (idée fixe primordiale) ex abrupto, ohne vorhergehende Ueberlegung [1]). Die Weiterentwicklung der Wahnbildung ist kohärent, wahrscheinlich, zwar von einer falschen Voraussetzung ausgehend, indes durchaus logisch in ihren Folgerungen. Sie entwickelt sich durch progressive Ausdehnung der primären Idee, aber ohne eine Transformation zu erleiden und ohne ihr ursprüngliches Gepräge zu verlieren [2]).

Durch die suggestive Wirkung mehrerer Ereignisse, durch Johannes den Täufer, durch seine eigenen Wunderkuren, durch die Bewunderung der geheilten Kranken und die Begeisterung der Jünger wurde Jesus dazu gebracht, sich für den Messias zu halten, den König der Juden, den Sohn Gottes, seinen Dolmetscher, sein Werkzeug, und schließlich, sich mit Gott zu identifizieren. Die Drohungen der pharisäischen und schriftgelehrten Fanatiker erweckten in ihm auch die Vorstellung, daß er das Opferlamm sei, das durch seinen Tod die Sünden Israels tilgen und nach der Auferstehung in den Himmel fahren sollte, um dort in seiner ganzen Glorie offenbart zu werden.

Die Halluzination bei der Taufe im Jordan ist nach ihm dadurch charakterisiert, daß es sich um eine „initiale Sinnestäuschung" handelt, die „von oben kommt" [3]) und „ermutigender Art" ist. Zu der visuellen kommt eine sprachliche Komponente.

1) Bd. I, S. 269. 2) Bd. II, S. 278.

3) Bd. I, S. 349 ff. — S. 350: „Or on a remarqué que, dans la paranoïa religieuse aussi bien que dans l'extase hystérique, l'objet de l'hallucination visuelle apparaît presque toujours à une certaine hauteur."

Die Stimme sprach: „Du bist mein lieber Sohn, an dem ich Wohlgefallen habe." Dies war eine „hallucination auditive verbale"[1]).

Auf die Taufe folgte nach Binet-Sanglé „die Flucht in die Wüste". Hier seien[2]), unter dem Einfluß der protrahierten Abstinenz und der Einsamkeit, der Stille, der Monotonie der Wüste, die ihn allen seinen Obsessionen überließ, vielleicht auch unter Mitwirkung der Müdigkeit und der Hitze, viele und mannigfaltige Sinnesstörungen bei ihm aufgetreten. Im ganzen findet Binet-Sanglé in den Berichten sieben Halluzinationen, zwei rein optische und fünf zugleich optische und „auditives-verbales" erwähnt[3]).

Der Inhalt der Halluzinationen beziehe sich stets auf religiöse Gegenstände, besonders auf den Teufel. Sie lassen sich in schreckhafte und tröstende einteilen, die antagonistisch auftreten. Die tröstenden sind optisch: bei der Taufe erscheint die Taube, in der Wüste treten die Engel Gottes auf, und in Gethsemane wird Jesus, nach dem Texte des Lukas, von einem Engel gestärkt[4]).

Als Ursachen der Halluzinationen (!) hebt Binet-Sanglé die Erregung mit Mitwirkung der Nacht, die Einsamkeit und die Abstinenz[5]) hervor.

Die berichteten Halluzinationen Jesu sollen nach Binet-Sanglé nicht die einzigen gewesen sein, da die „fous mystiques" beinahe immer an Muskelsinnhalluzinationen leiden. In späteren Perioden

1) Bd. I, S. 354. 2) S. 356 ff.

3) „D'autre part, aucune des hallucinations de Jésus n'est purement verbale. Or, dans la paranoïa religieuse, il est très rare (?) que les hallucinations verbales se présentent seules, sans adjonction d'hallucinations visuelles."

4) Lukas 22 43.

5) „En résumé, la nature des hallucinations de Jésus, telles qu'elles nous sont décrites dans les Evangiles orthodoxes, nous permet de conclure, que le fondateur de la religion chrétienne était atteint de paranoïa religieuse."

„treten", führt er an, „psychomotorische sekundäre Erscheinungen auf, constituant une sorte de possession théomaniaque". Er zitiert als Beispiel für hierbei auftretende Muskelsinnhalluzinationen die Stellen aus dem vierten Evangelium, in denen Jesus sagt, daß der Vater durch ihn rede, gibt aber zu, daß sie sich nicht spezifizieren lassen.

Erwähnt sei noch, daß Binet-Sanglé bei Jesus die „Dissimulation der Paranoiker" feststellen will. Er führt dafür an, daß der Nazarener seine Messianität und gewisse Punkte seiner Lehre als ein zu verhüllendes Geheimnis betrachte, auf Befragen ausweichende Antwort gebe und nur durch den Affekt, wie z. B. in der Gerichtsverhandlung, zum Eingestehen des „Wahnsystems" gebracht werde [1]).

De Loosten, Hirsch und Binet-Sanglé beschäftigen sich mit der Pathographie Jesu, ohne mit der geschichtlichen Leben-Jesu-Forschung Fühlung zu nehmen. Sie sind sowohl in der Wahl als auch in der Benutzung der Quellen vollkommen unkritisch. Ehe daher in eine psychiatrische Erörterung ihrer Studien eingetreten werden kann, muß das, was sie versäumt haben, nachgeholt werden. Es seien daher in Kürze die Ergebnisse der Quellenkritik und wissenschaftlichen Leben-Jesu-Forschung vorgelegt.

Hinsichtlich der Quellen ist zunächst zu bemerken, daß der Talmud und die außerbiblischen Evangelien — die letzteren beschäftigen sich hauptsächlich mit dem Ausmalen der Kindheitsgeschichte — nicht in Betracht kommen können [2]).

---

1) Bei der obigen Inhaltsangabe Binet-Sanglés werden eine Reihe abstruser Behauptungen des Verfassers außer Betracht gelassen.

2) De Loosten schenkt der talmudischen und heidnischen — durch Celsus im zweiten Jahrhundert — überlieferten Angabe, daß Jesus der uneheliche Sohn Marias und des römischen Legionärs Panthera gewesen sei, Glauben und schließt daraus, daß wir es mit einem „von Geburt her

Auch auf das vierte Evangelium ist zu verzichten. Der in ihm geschilderte Jesus ist, wie die kritische Forschung seit Strauß mehr und mehr erkannt hat, eine in der Hauptsache frei geschaffene Persönlichkeit, welche die in den drei ersten Evangelien auftretende insofern ergänzen oder ersetzen soll, als ihr zum Unterschied von dieser eine dem griechischen Empfinden und Verstehen entgegenkommende Denkweise und Verkündigung beigelegt wird [1]). Der Jesus des vierten Evangeliums weiß sich, dem griechischen Dogma entsprechend, als den fleischgewordenen ewigen Geist Gottes (Logos) und drückt dies in Andeutungen und Anspielungen aus, die seinen jüdischen Zuhörern nach dem Willen des vierten Evangelisten als Rätselworte erscheinen müssen. Ferner weist er in langen Reden auf die erst nach seinem Tod realen, vom Geiste gewirkten Sakramente — Taufe und Eucharistie — hin. In dem Benehmen und den Aussprüchen der nach solchen Prinzipien literarisch erdachten Persönlichkeit tritt naturgemäß viel Absonderliches, Unnatürliches und Geziertes zutage, das sich die Pathographen selbstverständlich nicht entgehen lassen und in ihrem Sinne als krankhaft deuten. Drei Viertel des Materials der Studien von de Loosten, Binet-Sanglé und Hirsch stammen aus dem vierten Evangelium [2]).

Das Evangelium des Lukas stimmt im großen und ganzen

erblich belasteten Mischling und einem geborenen Entarteten" zu tun haben (S. 19—21, 90).

Binet-Sanglé ist in der Wahl der Quellen noch unkritischer als de Loosten. Er hält schon längst als Fälschungen erwiesene Dokumente — so z. B. den sogenannten „Bericht des Pilatus" — für glaubwürdig.

1) Daß sich bis auf den heutigen Tag Verteidiger der Geschichtlichkeit des 4. Evangeliums finden, kann gegen die für jeden kritischen Forscher zutage liegenden Tatsachen nichts beweisen.

2) Die Reden Matth 24 und Mc 13 gehören nicht zum ursprünglichen Bestand der Evangelien.

mit denen des Markus und Matthäus überein. Wo es über sie hinausgeht, handelt es sich um zweifelhaftes Gut, das zudem für die Beurteilung der Persönlichkeit Jesu ohne große Bedeutung ist und also außer Betracht bleiben kann. Besonders erwähnt sei, daß die von ihm allein gebotene Geschichte des zwölfjährigen Jesus im Tempel (Luc 2 41—52) aus einer Reihe von Gründen nicht historisch sein kann.

Auch die Geburts- und Kindheitsgeschichten des Matthäus (Matth 1 u. 2) gehören der Legende, nicht der Geschichte an.

Es bleiben also, als brauchbare Quellen, das Evangelium des Matthäus — mit Ausnahme der beiden ersten Kapitel — und das des Markus übrig. Sie stimmen im Aufriß miteinander überein. Matthäus geht über Markus durch eine Reihe sehr wertvoller Reden hinaus, die er allein überliefert hat[1]). Die beiden Evangelien sind wohl zwischen 70 und 90 n. Chr. entstanden. Sie gehen aber, wie als sicher angenommen werden darf, auf noch ältere Aufzeichnungen zurück. Ihre Nachrichten sind im allgemeinen zuverlässig, wenn auch hie und da spätere Mißverständnisse und Trübungen der Ueberlieferung zu beobachten sind. Ueberraschend ist die Genauigkeit gewisser Einzelheiten.

Ueber Jesu Vorleben wissen wir sehr wenig. Er stammte aus einer Zimmermannsfamilie von Nazareth und hat das Handwerk selber ausgeübt. Besondere Studien auf ein Auftreten als Lehrer hin scheint er nicht gemacht zu haben. Als er später als „Prophet" in seine Vaterstadt kam, wunderten sich die Einwohner über die „Weisheit" dessen, den sie nur als Zimmermann kannten (Marc 6 1—6). Jedoch ist möglich, daß er bereits vor seinem öffentlichen Auftreten sich schon längere Zeit anderswo aufgehalten hatte. Seine Kenntnis der Schrift kann in den sabbatlichen Vorlesungen erworben worden sein.

1) Siehe Seite 15, Anm. 2.

Erwähnt werden vier Brüder und mehrere Geschwister (Mc 6 3; 3 31). Welchen Platz er in der Altersreihe einnahm, erfahren wir nicht.

Daß Jesu Familie väterlicherseits ihre Abstammung auf David zurückleitete, darf als gesichert gelten und hat an sich nichts Auffälliges. Unter denen, die unter Cyrus aus der babylonischen Gefangenschaft zurückkehrten, befanden sich auch Mitglieder der königlichen Familie. Die erste Karawane wurde von dem Davididen Serubabel angeführt, der anfangs auch eine große politische Rolle spielte (Esra 3 8; Sacharja 4 6—7; Haggai 1 12—15). Wenn der Blinde in den Straßen Jerichos Jesum als „Sohn Davids" anruft (Mc 10 47 u. 48) und das Volk beim Einzuge in Jerusalem dem „Sohne Davids (Matth 21 9) entgegenjubelte, so stimmt dies zum Zeugnis des Paulus, der im Römerbriefe (Röm 1 3) etwa drei Jahrzehnte nach dem Tode Jesu seine Abstammung aus dem königlichen Geschlecht als bekannt voraussetzt.

Ueber die physische Erscheinung und den Gesundheitszustand Jesu wissen wir nichts.

Die beiden ersten Evangelien bieten nicht eine Darstellung des „Lebens" Jesu, sondern berichten nur über sein öffentliches Auftreten. Dieses hat höchstens etwa ein Jahr gedauert. Es schließt mit einer Reise zum Passahfest. Wäre ein solches in die Zeit des öffentlichen Auftretens Jesu gefallen, so hätte er nach der Hauptstadt wallfahrten müssen, um seinen im Gesetz — 5 Mose 16 16 — verlangten kultischen Pflichten zu genügen. Hätte er es nicht getan, so wären seine Gegner berechtigt gewesen, ihm Laxheit in der Beobachtung der Gebote vorzuwerfen, was sie sicher nicht unterlassen hätten, da es ihnen darauf ankam, mit allen Mitteln seine Autorität zu untergraben. Da die beiden ältesten Evangelien weder von einer in die öffentliche Wirksamkeit Jesu fallenden Passahreise noch von Auseinandersetzungen über das Unterlassen derselben durch Jesus berichten, ist anzunehmen, daß kein Osterfest innerhalb dieses Zeitraums stattfand.

Wie lange Jesus sich in der Gefolgschaft Johannes des Täufers aufgehalten hat, wissen wir nicht. Als dieser gefangen gesetzt war, kam er nach Galiläa und predigte dasselbe, was der Prophet am Jordan verkündet hatte: „Das Reich Gottes ist nahe herbeigekommen". An diese Eröffnung schloß sich die Aufforderung zur Buße (Mc 1 14—15).

Diese Verkündigung blieb dieselbe vom ersten bis zum letzten Tag des Auftretens. Das Reich Gottes, „auch Reich der Himmel" genannt, ist gleichbedeutend mit dem „messianischen Reich". Die Verkündigung seiner Nähe besagt, daß das Weltende nahe ist. Das Reich Gottes ist als ein überirdischer Weltverlauf gedacht, der nach dem natürlichen einsetzen soll. Der letztere ist dadurch charakterisiert, daß die bösen Engelwesen die Weltherrschaft an sich gerissen haben. So erklären sich das Böse und die Unvollkommenheit in dem gegenwärtigen Zustand der Dinge. Auch Krankheit und Tod sind damit gegeben. In dem Augenblicke, wo Gott dieser Zwischenherrschaft ein Ende macht, wird die Unvollkommenheit durch das Vollkommene und das Böse durch das Gute abgelöst. Auch die Erde wird dann in einen herrlichen Zustand verwandelt, und eine neue Fruchtbarkeit tritt an die Stelle der alten. Zugleich verliert der Tod seine Macht. Die Generationen, die im Grabe ruhen, stehen auf und werden mit den Ueberlebenden vor dem Throne Gottes versammelt, wo die Bösen und Nichterwählten der ewigen Qual anheimfallen, während die Erwählten in einen engelgleichen Zustand eingehen, ein unendlich lange dauerndes glückseliges Leben beginnen und zum messianischen Mahle versammelt werden. Das Gericht wird, nach den meisten Angaben, durch den Messias abgehalten.

Diese Zukunft brauchte Jesus nicht des näheren darzulegen.

Seine Hörer wußten, um was es sich handelte, sobald nur der Satz „Das Reich Gottes ist nahe herbeigekommen" ausgesprochen war. Die Einzelheiten standen aus den Büchern der Propheten und den „Apokalypsen" (Offenbarungen) fest. Als die bedeutendste unter den letzteren ist die durch eine literarische Fiktion dem Henoch zugeschriebene anzusehen, die in ihren Hauptteilen aus dem Beginn des letzten vorchristlichen Jahrhunderts stammt. Sie hat auf die Ideenwelt Jesu sehr stark eingewirkt. Daneben kommt besonders noch das schon ganz apokalyptischen Charakter aufweisende, anno 165 v. Chr. entstandene Buch Daniel in Betracht.

Aus der vorhandenen Literatur stand den Zuhörern Jesu ferner noch fest, daß die letzte Periode des natürlichen Weltlaufs mit grausigen Kriegen und unerhörten Drangsalen für die Menschheit ausgefüllt sein würde. Die Rabbinen nannten diese Zeit die „Wehen des Messias".

Damit ist der Inhalt der Verkündigung Jesu gegeben. Er predigt die Nähe des Reiches und des Gerichts. Zugleich führt er aus, worin die Buße und die Ethik, die zur Gerechterklärung beim Gericht notwendig sind, bestehen, und erinnert an die schwere Drangsal, die noch bevorsteht. In ihr müssen sich die für das Reich Gottes Erwählten bewähren. Wer in der Verfolgung verleugnet, ist verloren; wer das irdische Leben retten will, wird das ewige verlieren. Von sich selber erwartet Jesus, daß er dann viel Schmach und Verfolgung erdulden muß, und beschwört seine Anhänger, dann nicht an ihm irre zu werden und sich trotzdem zu ihm zu bekennen (Mc 8 34—9 1).

Nebenbei sei bemerkt, daß in den spätjüdischen Erwartungen eine ältere, prophetische, und eine jüngere, apokalyptische Betrachtungsweise nebeneinander einhergingen. Nach der ersteren wird zwischen dem messianischen Reich und einem erst darauffolgenden definitiven herrlichen Endzustand der Welt unterschieden; nach der letzteren, die von Jesus geteilt wird, fallen beide zusammen.

Von einer gewissen Bedeutung sind die Verschiedenheiten der damit gegebenen Vorstellungen vom Herrscher der Zukunft. Nach der prophetischen Auffassung ist dieser ein Sproß aus Davids Geschlecht, der zu jener Zeit von Gott mit übernatürlicher Kraft und Weisheit ausgerüstet und zum König der Herrlichkeit gesalbt wird. Daher heißt er der Messias (= der Gesalbte). Im Buch Daniel wird die Konsequenz gezogen, daß es kein regierendes Geschlecht Davids mehr gibt, aus dem ein Herrscher zum „Messias" erhoben werden könnte. Darum erwartet der Verfasser, daß Gott die höchste Gewalt im kommenden Weltzustand einem Engelwesen, das menschliche Gestalt hat und aussieht „wie eines Menschen Sohn", übertragen werde (Dan 7 13—14).

In der späteren Apokalyptik, schon in der Apokalypse Henoch, wird dann der „Menschensohn" mit dem Messias zusammengelegt, obwohl beide ursprünglich nichts miteinander zu tun haben. Aus dieser Identifizierung ergibt sich ein merkwürdiges Problem. Der Menschensohn ist ein Engelwesen, das keine menschliche Abstammung hat. Wie kann es dann aber zugleich der „Messias" sein, welcher aus Davids Geschlecht natürlich geboren sein muß? Die zeitgenössische Schriftgelehrsamkeit hat sich, soviel wir wissen, nicht über diese Frage geäußert, wohl weil sie damit den inneren Zwiespalt in den Zukunftserwartungen aufgedeckt hätte. Jesus hingegen beschäftigt sich mit ihr. Seine Lösung ist insofern von Bedeutung, als sie uns in Erwägungen Einblick gewährt, aus denen der Glaube, daß er zum Messias ersehen sei, hervorwuchs.

Naheliegenden Mißverständnissen gegenüber sei bemerkt, daß Jesus nicht meint, daß er schon als natürlicher Mensch, zu seinen Lebzeiten, der Messias oder Menschensohn sei. Seine Ueberzeugung ist die, daß er zu dieser Würde bestimmt ist und in ihr beim

Weltende geoffenbart werden wird. In diesem Sinne äußert er sich seinen Richtern gegenüber. Nachdem er die Frage des Hohepriesters, ob er sich für den Messias halte, bejaht hat, fügt er hinzu: „Ihr werdet sehen den Menschensohn sitzend zur Rechten der Kraft (= Gottes) und kommend mit des Himmels Wolken" (Mc 14 62). In der natürlichen Weltzeit kann der Messias ebensowenig schon vorhanden sein als das Reich Gottes.

Seine Ueberzeugung, zum kommenden Messias bestimmt zu sein, hat Jesus nicht in seine Verkündigung mithineinspielen lassen. Dies ist eines der gesichertsten Ergebnisse der modernen kritischen Forschung. Er stellt das baldige Kommen des Menschensohnes in Aussicht, redet aber von ihm immer in der dritten Person, so daß keiner von den Hörern auf den Gedanken kommen konnte, daß er erwartete, mit dieser Würde bekleidet zu werden. Für das Volk blieb er bis zum letzten Tag der Prophet aus Nazareth. Diesem, nicht dem Messias, gilt die Ovation beim Einzug in Jerusalem. Auch die Pharisäer und Schriftgelehrten, die sich während der letzten Tage mit ihm auseinandersetzen, ahnen nichts von seinen Ansprüchen; andernfalls hätten sie sie zur Sprache gebracht. Man bemerke, daß der Hohepriester beim Prozeß keine Zeugen aufrufen kann, die über messianische Ansprüche Jesu aussagen.

Nur die Jünger wissen etwas von seinem Geheimnis. Sie erfahren es aber erst einige Wochen vor seinem Tod. Er eröffnet es ihnen im Augenblick, wo er sich anschickt, nach Jerusalem zu ziehen (Mc 8 27—30). Von ihnen hat es einer, Judas, an den Hohen Rat verraten. Auf Grund dieser Eröffnung wurde Jesus am Abend vor dem Tage, an dem man das Passahlamm aß, oder vielleicht am Abend dieses letzteren Tages selbst verhaftet, in derselben Nacht, unter Mißachtung der für Prozesse über Leben und Tod geltenden Bestimmungen, verurteilt und sogleich gekreuzigt.

Da der Hohepriester nur einen Zeugen für seine Anklage hatte und nach jüdischem Recht zu einer Verurteilung zum mindesten zwei erforderlich waren, kam alles darauf an, ob Jesus gestand oder nicht. Durch Schweigen hätte er sich retten können. Aber er wollte es nicht, da er mit der bestimmten Absicht zu sterben nach Jerusalem gekommen war, und dies seinen Jüngern auch eröffnet hatte (Mc 8 31; 9 31).

Er ist der Ueberzeugung, daß sein Tod eine Sühne (Mc 10 45) bedeutet, auf Grund deren die allgemeine Drangsal, die dem messianischen Reich vorangehen soll, den Menschen von Gott erlassen wird, und erwartet, daß er, sei es im Augenblick des Sterbens sei es am dritten Tage nach seinem Tode, zur übernatürlichen Daseinsweise eingehen, die messianische Würde erlangen, und Weltende, Gericht und messianisches Reich heraufführen werde. In diesem Sinne verstehen die Jünger seine Andeutungen und streiten auf dem Wege nach Jerusalem darüber, wer von ihnen zu der höchsten Würde neben ihm berufen sei (Mc 9 33—34; 10 35—45).

Bemerkt sei noch, daß Jesus nicht die ganzen Monate zwischen dem ersten Auftreten und dem Tode öffentlich gewirkt hat. Nachdem er eine Zeitlang die Nähe des Reiches Gottes verkündet hatte, glaubte er, wahrscheinlich zur Erntezeit, daß der erwartete Augenblick gekommen sei und sandte seine Jünger zu zwei und zwei aus, daß sie die Kunde in die Ortschaften Israels trügen. Bei der Entlassung kündet er ihnen in einer bedeutsamen Rede (Matth 10) an, daß die große Drangsal alsbald einbrechen werde. Zugleich stellt er ihnen in Aussicht, daß die Erscheinung des Menschensohnes stattfinden werde, ehe sie nur Zeit haben, seinen Auftrag auszuführen (Matth 10 23). Er erwartet also, im Verlaufe der Drangsal, während sie von ihm fort sind, in den Messias verwandelt zu werden.

Als sie zu ihm zurückkehrten, ohne daß seine Voraussagungen eingetroffen waren, zog er sich mit ihnen auf heidnisches Gebiet zurück. Mitten im Erfolg verließ er die Scharen, die sich um ihn gesammelt hatten, um mit ihm den Anbruch des Reiches Gottes zu erwarten, und verlebte die Zeit bis zum Aufbruch nach Jerusalem — also Herbst und Winter — auf heidnischem Gebiet, in der Gegend von Tyrus und Sidon und Cäsarea Philippi, ohne zu predigen und nur darauf bedacht, unerkannt zu bleiben. In dieser Zeit legte er sich das Ausbleiben der Drangsal und des Reiches Gottes dahin zurecht, daß er als der kommende Messias berufen sei, für die andern zu leiden und zu sterben. Bestimmend für die Gestaltung dieses Gedankens waren wahrscheinlich der in die Zeit nach der Aussendung der Jünger fallende Tod Johannes des Täufers, in dem Jesus den für die letzten Tage verheißenen Elias erkannte (Maleachi 4 5 und 6; Matth 11 13—15; Mc 9 11—13), und das 53. Kapitel des Buches Jesaja, in welchem von dem Knechte Gottes, der für die Schuld des Volkes leidet, die Rede ist.

Lassen sich aus der soeben gegebenen Skizze und den mannigfachen Einzelheiten, die in ihr nicht berücksichtigt werden konnten, Schlüsse ziehen, wie sie von de Loosten, Hirsch und Binet-Sanglé vorgetragen werden? In der Einleitung sind schon die Gründe dargelegt, die uns hier äußerst skeptisch machen müssen. Trotzdem sei auf das Wesentliche des Inhalts jener Schriften eingegangen, damit Klarheit geschaffen werde.

Aus der gedrängten Uebersicht über die Quellen, den Inhalt der Predigt Jesu und den Verlauf seines öffentlichen Auftretens läßt sich entnehmen, wieviel an dem von de Loosten, Hirsch und Binet-Sanglé benutzten Material hinfällig wird, wenn man davon das kritisch-historisch nicht Haltbare in Abzug bringt.

Alles, was von ihnen über Kindheit und Jugend Jesu, über seine Anlage und Entwicklung angeführt ist, kann keine Geltung beanspruchen. Die lukanische Geschichte von dem Verhalten des zwölfjährigen Jesus im Tempel, die die Pathographen so viel beschäftigte und in der Binet-Sanglé sogar den Bericht einer „hebephrenischen Krise" sehen wollte, muß außer Betracht bleiben. Der Verzicht auf das vierte Evangelium ist von größter Bedeutung. Nur diese Quelle erlaubte den Pathographen die Annahme, daß wir die Entwicklung der Psyche Jesu durch 3 Jahre hindurch verfolgen können; nur sie gestattete ihnen, eine Persönlichkeit zu zeichnen, die fortwährend mit ihrem Ich beschäftigt ist, es in ihren Reden in den Vordergrund stellt, von sich göttliche Abstammung behauptet, und einen dementsprechenden Glauben von den Zuhörern verlangt[1]).

Dadurch, daß die drei Pathographien die johanneische Darstellung mit der der älteren Evangelien — in denen Jesus nicht über sich und seine Würde redet — vermischen, kommen sie zur Anschauung, daß er sich bald als den Messias ausgegeben, bald in seinen Aussagen zurückgehalten habe, und deuten dieses Verhalten nach analogen Beobachtungen, die an Paranoikern zu machen sind.

Auf die zahlreichen und zum Teil ganz groben Mißverständnisse, die sich aus de Loostens, Binet-Sanglés und Hirschs Unvertrautheit mit der spätjüdisch-apokalyptischen Weltanschauung

---

1) Auch das, was de Loosten und Binet-Sanglé über Verfolgungsideen und über grundlose Verstimmungen Jesu vorbringen, ist nur aus dem 4. Evangelium entnommen. Ebenso erledigt sich das, was Hirsch in Anlehnung an Joh 12 28—29 als Illusion Jesu anführt, durch die Einsicht in das Wesen der Quelle. Auch die gezierte und unnatürliche Redeweise, auf die Binet-Sanglé hinweist, ist nur dem 4. Evangelium eigen.

und der kritischen Forschung ergeben, kann im einzelnen nicht eingegangen werden.

Bei der psychiatrischen Würdigung des vorliegenden Materials muß nochmals auf die ganz besonders gearteten Schwierigkeiten hingewiesen werden, die jedem Versuch einer „Diagnose" hier erwachsen müssen [1].

Da die Art und Weise, wie eine Wahnidee geäußert wird, diagnostisch viel bedeutsamer ist als ihr Inhalt, so ergibt sich ohne weiteres, daß biographisches Material nur mit ganz besonderer Vorsicht zu verwerten ist. Die Mehrzahl der gleichzeitig aufgetretenen „Symptome" sind schriftlich nicht festgelegt, sondern vorzugsweise nur die sprachlichen Aeußerungen. Werden also aus derartigem Material diagnostische Schlüsse gezogen, so sind sie notwendigerweise meist sehr hypothetischer Art.

Wenn z. B. Binet-Sanglé, Hirsch und de Loosten behaupteten, daß Jesus während der vierzig Tage in der Wüste zahlreiche Halluzinationen gehabt hat, so ist dies — die Historizität dieses Wüstenaufenthalts vorausgesetzt — eine ganz vage Hypothese, welche ihnen aber gestattet, eine halluzinatorische Phase in der Entwicklung der Psychose zu statuieren.

---

1) Zu bemerken ist, daß de Loosten und Binet-Sanglé den überlieferten zeitgenössischen Aussagen über den Geisteszustand Jesu großes Gewicht beilegen. Sie berufen sich darauf, daß seine pharisäischen Gegner behaupten, er sei „besessen" (Mc 3 22), und seine Familie ihn als „von Sinnen" von Kapernaum nach Nazareth heimholen will (Mc 3 21). Daraus ergibt sich aber nur, daß die ersteren ihn um jeden Preis beim Volk herabsetzen wollen, und daß die Anverwandten an ihm eine Veränderung konstatieren und sich nicht erklären können, wie er dazu kommt, als Lehrer und Prophet aufzutreten. Für die moderne Psychiatrie sind diese Laienurteile der Vergangenheit ohne Bedeutung. Ueberdies sei festgestellt, daß die Pharisäer und die Angehörigen Jesum nicht etwa deswegen als von Sinnen erklären, weil er sich für den Messias hält, da sie davon überhaupt nichts wissen.

Und selbst bei der Deutung tatsächlicher historischer Aeußerungen ist die Erklärung leicht eine willkürliche. So mutet z. B. die psychologische Erklärung, die Binet-Sanglé für die Genese der von ihm angeführten Halluzinationen Jesu gibt, durchaus artifiziell an; um mit Sicherheit einen derartigen Mechanismus der Entstehung der Sinnestäuschungen sogar bei einem lebenden Kranken zu geben, wäre eine mehrfache und ausgedehnte persönliche Untersuchung erforderlich.

Die Verhältnisse im vorliegenden Falle werden nun dadurch noch besonders kompliziert, daß es sich nach der Meinung der drei in Frage kommenden Autoren um ein paranoides Krankheitsbild handelt.

Die „Paranoiafrage" gehört bekanntlich zu den schwierigsten Problemen der modernen Psychiatrie. Sie ist von ihrer Lösung noch weit entfernt. Es darf jedoch hier betont werden, daß es sich bei dem Streite um das Wesen der Paranoia zurzeit nicht unerheblich auch um einen Streit um Worte handelt. Eine große Anzahl von Formen paranoider Erkrankungen sind in ihrer Verlaufsart hinreichend bekannt, um denjenigen, denen es um die Sache, nicht um das Wort zu tun ist, eine ersprießliche Erörterung der Differentialdiagnose zu gestatten.

Binet-Sanglé stellt die Diagnose: religiöse Paranoia. Aus den allgemeinen Erörterungen, die er gleichsam als Bruchstück eines psychiatrischen Lehrbuchs in seine pathographische Arbeit aufgenommen hat, ist zu entnehmen, daß er drei Phasen unterscheidet, ähnlich wie Magnan in seinem délire chronique à évolution systématique.

Hirsch scheint eine ähnliche Form im Auge zu haben. Er unterläßt es jedoch, sie hinreichend zu charakterisieren und setzt ohne weiteres die „bekannte Paranoia" voraus.

De Loosten legt weniger Wert auf die Sinnestäuschungen

und gesteht dem physiologisch-genialen Moment im Wesen Jesu einen bedeutenderen Anteil zu als die anderen Autoren.

Es kann nicht die Absicht dieser Studie sein, sich für oder gegen das Bestehen einer bestimmten Form von Geisteskrankheit bei Jesus zu äußern, also eine klinische Diagnose zu erörtern. Sie hat sich nur die Aufgabe zu stellen, die Elementarsymptome, welche die drei Autoren zum Aufbau ihrer Diagnose verwertet haben, auf ihre historische Authentizität und, falls diese vorhanden, auf ihre klinische Dignität zu prüfen [1]). Es werden also die einzelnen vorgebrachten Symptome — 1. Wahnideen, 2. Sinnestäuschungen, 3. Verhalten des Affekts, 4. sonstige Merkmale — getrennt besprochen werden.

Ehe in die Besprechung der bei Jesus von den drei Autoren angenommenen Wahnbildung eingetreten wird, sei noch hervorgehoben, daß die Angabe, es habe sich um eine erworbene Geisteskrankheit gehandelt, schon a priori wenig Wahrscheinlichkeit für sich hat. Binet-Sanglé zitiert eine ganze Anzahl klinischer Beobachtungen von Kranken, die an religiöser Paranoia mit Sinnestäuschungen auf allen Sinnesgebieten gelitten haben, und weist auch auf die Häufigkeit dieser jedem Psychiater geläufigen Fälle hin. Er vergißt aber, daß die Fälle mit délire chronique à évolution systématique, die der paranoiden Form der dementia praecox Kraepelins nahestehen, doch zumeist bald nach Ausbruch ihrer Krankheit interniert werden und daß es gerade diese For-

1) Mit de Loosten setzt sich Dr. H. Schäfer — „Jesus in psychiatrischer Beleuchtung", Berlin 1910, 178 S. — auseinander. Er beherrscht das historische Material nicht besser als sein Gegner.

Der Vollständigkeit halber seien auch die Widerlegungen der Nichtmediziner angeführt. Philipp Kneib, „Moderne Leben-Jesu-Forschung unter dem Einflusse der Psychiatrie" (Mainz 1908, 76 S.). Hermann Werner, „Die psychische Gesundheit Jesu" (Groß-Lichterfelde 1908, 64 S.).

men nicht sind, die sich Anhänger und Jünger erwerben und Sekten gründen. Die zahlreichen Halluzinationen, die katatonen Symptome im weitesten Sinne des Worts (Autismus), die Wirkungen der Dissoziation machen diese Kranken zu einer konsequenten Betätigung unfähig; findet eine motorische Entäußerung statt, so entspricht diese zumeist nicht dem wahnhaft verfälschten Bewußtseinsinhalt. Bekannt ist die Tatsache, daß an Verfolgungswahn, insbesondere an physikalischem Verfolgungswahn leidende Kranke jahrelang ihre Berufsarbeit wieder verrichten und äußerst selten die Konsequenz aus den Sinnestäuschungen und Wahnideen praktisch ziehen, d. h. sich gegen die Verfolger — legal oder illegal — zur Wehr setzen; wenn sie es vorübergehend tun, so geschieht dies auf Grund eines Erregungszustandes, also nicht auf Grund bewußter logischer Schlußfolgerung. Die verfolgten Geisteskranken, die tatsächlich und dauernd sich zur Wehr setzen, die persécutés persécuteurs der Franzosen, gehören der Gruppe der angeborenen Psychopathien an und leiden nicht an einer erworbenen Geisteskrankheit.

Bei der Prüfung des über W a h n b i l d u n g bei Jesus Vorgebrachten ist die Entstehung der Wahnidee von der weiteren Entwicklung zu trennen.

De Loosten nimmt eine langsame Entwicklung an. „Jesu Selbstbewußtsein“ schreibt er, „steigerte sich in langsamer Entwicklung bis zu einem fixierten Wahnsystem“. Den ersten Anstoß zum Nachaußentragen seiner Ideen gab das Auftreten Johannes des Täufers.

Hirsch ist der Ansicht, daß es sich um einen Fall handele, bei dem Wahnvorstellungen unvermittelt und unausgeprägt vorhanden waren, bei dem dieselben aber eines äußeren Anstoßes und einer starken Emotion bedurften, um sich zu einem typischen paranoischen Wahngebäude zu systematisieren.

Binet-Sanglé behauptet, daß die primäre Wahnidee (idée fixe primordiale) ex abrupto, ohne vorhergehende Ueberlegung entstanden sei.

Was der Inhalt dieser primären Wahnidee gewesen sei, sagt keiner der drei Autoren bestimmt. Aus ihren sonstigen Aeußerungen ist zu erschließen, daß der Glaube Jesu an die eigene Messianität die primäre Wahnidee dargestellt haben soll.

Was die erwähnten Entstehungsarten anlangt, so sind sie durchaus nicht als gesichert zu erweisen, da wir über die vor dem öffentlichen Auftreten Jesu liegende Periode seines Lebens überhaupt nicht unterrichtet sind. Da de Loosten und Hirsch ihre Paranoiaform nicht weiter präzisieren, kann über die Wahrscheinlichkeit des von ihnen angenommenen Entstehungsmodus überhaupt nicht diskutiert werden.

Binet-Sanglé statuiert durch seine Annahme einer Entstehung der primären Wahnidee ex abrupto eine Genese, die gewöhnlich bei der von ihm diagnostizierten Form nicht stattfindet. Es pflegt in der ersten Periode, die Binet-Sanglé öfters mit der zweiten halluzinatorischen verwechselt, ein lebhafter Beziehungswahn (délire d'interprétation) zu entstehen; die Wahnidee entwickelt sich erst allmählich und trägt durchweg persekutorischen Charakter, was mit der Messiasidee absolut nicht in Einklang zu bringen ist.

An anderer Stelle betont Binet-Sanglé hinwiederum, daß Jesus durch die suggestive Wirkung mehrerer Ereignisse, durch Johannes den Täufer, durch seine eigenen Wunderkuren, durch die Bewunderung der geheilten Kranken und durch die Begeisterung der Jünger dazu gebracht wurde, sich für den Messias zu halten. Hier versucht er also eine psychologische Erklärung [1]).

---

1) In ebenderselben Weise sucht er auch die Halluzinationen durch eine ganze Anzahl physiologischer und psychologischer Motive zu erklären.

Was nun die Weiterentwicklung der Wahnbildung, die sogenannte „Systematisierung“ betrifft, so geben alle Autoren eine Entwicklung der Wahnidee im Sinne einer expansiven Tendenz an[1]). Binet-Sanglé überschreibt die betreffenden Kapitel mit in der Rangordnung steigenden Titeln: le messie-roi; le fils de Dieu; confident, interprète, agent de Dieu; Jésus-Dieu.

De Loosten betont, daß Jesus, Schritt für Schritt fortschreitend, am Ende dazu gelangte, sämtliche Verheißungen der Schrift und deren endliche glänzende Erfüllung zu seiner Person in Beziehung zu setzen.

Hirsch schreibt, daß nach den vierzig Tagen in der Wüste die bis dahin isolierten und unverbundenen Wahnideen sich zu einem großen systematisierten Wahngebäude vereinigten, und behauptet, daß damals, bei gleichzeitig bestehenden zahlreichen Sinnestäuschungen, Jesus aus dem latenten in das aktive Stadium der Paranoia getreten sei. An anderer Stelle spricht er von einem sich allmählich entwickelnden und bis ins Unendliche sich steigernden Größenwahn.

Was die von den drei Autoren angenommene Entwicklung des Wahnes angeht, so ist hervorzuheben, daß de Loosten von einer kontinuierlich aufsteigenden Linie spricht, während Binet-Sanglé und Hirsch die vierzig Tage in der Wüste als latentes Stadium betrachten und eine spätere Entwicklung als sich hieran anschließend annehmen. Von einem Stadium mit Beeinträchtigungs-

während diese doch, nach seiner eigenen Diagnose, als primär auftretende Reizerscheinungen im Verlauf des délire chronique aufzufassen wären, also im Krankheitsvorgang ihre Ursache hätten.

1) Hirsch und de Loosten sprechen von einem hierbei in Aktion getretenen Beziehungswahn, insofern als Jesus die messianischen Stellen der Propheten auf sich bezogen habe. Bei richtiger historischer Würdigung seines Standpunktes stellt diese Deutung der alttestamentlichen Stellen, soweit wir sie bei Jesus kontrollieren können, eine durchaus normal-psychologische Leistung dar, die nicht erlaubt, von Beziehungswahn zu sprechen.

und Verfolgungsideen, welches erfahrungsgemäß für die erste Phase charakteristisch ist, spricht keiner der Autoren. Nur Binet-Sanglé erwähnt die Teufels-Halluzinationen in der Wüste, die nicht ausschließlich expansiv gefärbt sind.

Es würde, falls die Behauptungen der drei Autoren zutreffend wären, sich um die seltene Erscheinung der einseitigen Entwicklung eines Größenwahns handeln. Wohl ist bekannt, daß Geisteskranke lange Zeit hindurch expansive Wahnideen produzieren können[1]); doch fehlt in diesem Falle eine Progressivität und vor allem handelt es sich dann nicht um jene évolution systématique, welche die drei Autoren im Auge zu haben scheinen.

Nachdem nachgewiesen ist, daß die von den drei Autoren angenommene Entwicklung des Wahnes, vom allgemeinen klinischen Standpunkte aus, keine Wahrscheinlichkeit für sich hat, ist jetzt die Frage zu erörtern, ob die Aeußerungen und Handlungen Jesu, die auch die historische Kritik als sichergestellt annimmt, Veranlassung geben können, an eine krankhafte Verfälschung des Bewußtseinsinhalts zu denken.

Hierbei ist in erster Linie zu berücksichtigen, daß alle religiösen Vorstellungen, die Jesus mit seinen Zeitgenossen teilt und als Tradition übernommen hat, nicht als krankhaft bezeichnet werden dürfen, selbst wenn sie unsern modernen Anschauungen durchaus fremdartig und unbegreiflich erscheinen. Gegen diese elementare Regel verstoßen de Loosten, Hirsch und Binet-Sanglé fort und fort.

Zu den übernommenen Vorstellungen gehören: die Ansicht, daß die gegenwärtige Welt den bösen Geistern, die auch vom Menschen Besitz ergreifen und aus ihm reden können, ausgelie-

1) Vergleiche die expansive Form der Paraphrenie E. Kraepelins („Zur Paranoiafrage", Septemberheft d. Zeitschr. f. d. gesamte Neurologie und Psychiatrie, 1912).

fert ist; die Erwartung, daß die guten Engel mit dem Messias die Weltherrschaft an sich bringen werden; der Glaube an das Kommen des messianischen Reiches mit allen Vorstellungen — vormessianische Drangsal, Gericht, Vernichtung der Bösen, Auferstehung und „Verwandlung“ der Gerechten und Erwählten, Verklärung der irdischen Natur zu überirdischer Fruchtbarkeit — die damit gegeben und in den prophetischen Büchern und den Apokalypsen dargestellt sind.

Die messianischen Erwartungen gehörten zum Bestand des spätjüdischen Dogmas. Aber nicht alle Juden glaubten an die unmittelbare Nähe der Ereignisse. Diese Gewißheit war unter einer größeren, spezifisch jüdischen Bewegung verbreitet, die von Johannes dem Täufer ausgegangen war.

Ueber die Einzelheiten der messianischen Vorstellungen herrschte zu jener Zeit noch eine gewisse Mannigfaltigkeit nebeneinander herlaufender Anschauungen [1]). Daß der Messias leiden müsse, ist aus den apokalyptischen und rabbinischen Stellen für die Zeit Jesu nicht sicher bezeugt. Andererseits lag diese Annahme nahe, sobald man den Messias vor seinem Erscheinen in Herrlichkeit zuerst eine irdische unerkannte Existenzphase durchmachen ließ, da er alsdann mit den Erwählten die vormessianische Drangsal erleben mußte. Auch die messianische Deutung von Jes 53, wo vom leidenden Gottesknecht die Rede ist, konnte die Vorstellung vom leidenden Messias ermöglichen.

Der Fall, daß derjenige, der als Messias in Herrlichkeit erscheinen sollte, zuerst unerkannt als irdischer Mensch in der irdischen Welt leben würde, war in der Ideenwelt der spätjüdischen Religion, soweit das uns erhaltene Material einen Schluß erlaubt, nicht vorgesehen, da gerade in den Grundfragen über die

---

1) Siehe S. 19—20.

Persönlichkeit und die Erscheinung des Messias weitgehende Unklarheiten und ungelöste Widersprüche herrschten[1]).

In dem Augenblicke aber — diese Feststellung ist für die Einsicht in die Gedankenwelt Jesu von großer Bedeutung —, wo ein spätjüdischer Denker die Probleme der messianischen Lehre zu erfassen und zu klären unternahm und zugleich entschlossen war, an der von den Propheten verlangten Abstammung des Messias von David festzuhalten, gab es keine andere Lösung als die, daß er ihn noch in der irdischen Weltzeit aus den Nachkommen Davids geboren sein und dann bei der Verwandlung, die für alle Erwählten mit dem Weltende gegeben war, in die überirdische Herrlichkeit des Messias-Menschensohnes erhoben werden ließ. War der betreffende der Anschauung, daß die erwarteten Ereignisse nahe bevorständen, so mußte er den zukünftigen Messias schon unter den jetzt lebenden Davidsabkömmlingen suchen.

Hinzugefügt sei, daß, wenn der jüdische Messias zugleich Sohn Gottes genannt wird, dies mit einer Abstammung von Gott in metaphysischem Sinn gar nichts zu tun hat. Sohn Gottes ist lediglich ein Titel, der seine Würdestellung als von Gott herrührend charakterisiert. In diesem Sinne waren schon die jüdischen Könige Söhne Gottes.

Soll nach dieser gedrängten Uebersicht über die spätjüdische Weltanschauung analysiert werden, welche Stellung Jesus selbst diesem Vorstellungskreis gegenüber einnahm, so wäre, vom psychiatrischen Standpunkte aus, zunächst seine anfängliche Stellungnahme insbesondere zur messianischen Idee und sodann die Weiterentwicklung seiner persönlichen Auffassung zu erörtern.

1) Nach der ältesten prophetischen Anschauung sollte der Messias als irdischer Mensch aus Davids Geschlecht geboren und dann von Gott mit übernatürlichen Gaben ausgerüstet werden.

Die Tatsache, daß Jesus sich selbst als den kommenden Messias ansah, muß auffallen und hat wohl am meisten den Verdacht auf bestehende geistige Störung wachgerufen. De Loosten, Hirsch und Binet-Sanglé haben nicht unterlassen, den schreienden Gegensatz zwischen der Stellung des Zimmermannssohnes und des Messias-Menschensohnes gebührend hervorzuheben. Dieser Kontrast ist jedoch nicht so sinnwidrig, wie er auf den ersten Blick und bei Außerachtlassung der durch die Geschichte und die spätjüdischen Anschauungen gegebenen Voraussetzungen erscheint. Erstens ist der ältesten Ueberlieferung zufolge Jesus tatsächlich aus dem Geschlechte Davids; es ist demnach nicht angängig, wie es z. B. Hirsch tut, die diesbezüglichen Angaben daraus zu erklären, daß Jesus, hierin mit jugendlichen Paranoikern übereinstimmend, seine Aszendenz in expansivem Sinne wahnhaft verändert habe.

Zweitens war, wie ausgeführt, in der apokalyptischen Erwartung vorgesehen, daß alle Erwählten beim kommenden Weltende in übernatürliche Wesen verwandelt werden würden, und zwar in der Art, daß eine Umwertung der Werte angenommen wurde. Was in dieser Welt verachtet und niedrig war, dienen mußte und verfolgt wurde, das sollte dort zu Ehren gelangen, während was hier geehrt war, hoch stand, herrschte und Gewalt hatte, dem Gericht anheimfiel. Diese Anschauung der spätjüdischen Apokalyptik teilte Jesus in allen Punkten, wie aus einer Reihe von Sprüchen ersichtlich ist. Es war ihr zufolge also geradezu gefordert, daß der, der in der zukünftigen Welt die höchste Stelle einnehmen sollte, hier, im natürlichen Weltlaufe, zu den Geringen und Verachteten gehörte. Also konnte als zukünftiger Messias nur ein in Niedrigkeit und Armut lebender Abkömmling Davids in Betracht kommen. Wurde das Weltende als ganz nahe erwartet, so mußte dieser schon geboren sein und unter dem das Ende der Zeiten erlebenden Geschlecht gesucht werden.

Durch die soeben angeführten und vom spätjüdischen Standpunkt aus durchaus naheliegenden Erwägungen ist die Stellungnahme Jesu bis zu einem gewissen Grade psychologisch motiviert. Aber die Tatsache selbst, daß er sich als denjenigen ansah, der die überirdische Erbschaft des davidischen Geschlechts antreten sollte, bleibt immerhin auffallend.

Eine psychologische Analyse dieser Leistung ist aus schon erörterten Gründen nicht möglich. Nur so viel läßt sich sagen, daß die „Ueberwertigkeit" einer Vorstellung an sich nicht berechtigt, sie als Aeußerung einer Psychose anzusehen.

Der einzige im vorliegenden Fall mögliche Beweis, daß es sich beim Messianitätsanspruch Jesu um einen krankhaften Bewußtseinsinhalt handle, könnte durch das weitere Schicksal dieser Idee, mit andern Worten durch den Nachweis eines sich daran anschließenden Wahnsystems erbracht werden.

Hier stellt sich die Frage, ob die Veränderung, die während des für die Beobachtung in Betracht kommenden Jahres in den Anschauungen Jesu nachgewiesen werden kann, Merkmale erkennen läßt, die an die Evolution eines Wahnsystems erinnern. Die in dem Ueberblick über das öffentliche Auftreten und die Ideenwelt Jesu angeführten Tatsachen seien hier nicht wiederholt. Nur so viel werde hervorgehoben, daß Beeinträchtigungs- und Verfolgungsideen nie bestanden haben und insbesondere, was bei der jetzigen Anschauung der évolution systématique erforderlich wäre, nicht in den ersten Stadien der Zeit, aus der wir etwas über Jesum wissen, auftraten.

Von einer „Transformation des Wahnes", die aus inneren Ursachen erfolgen müßte, ist ebenfalls nichts festzustellen. Die Wandlungen in der Auffassung Jesu werden jedesmal durch äußere Ereignisse bedingt und stellen durchaus logische und mit der Gesamtanschauung im Einklang stehende Schlußfolgerungen bar. Das Ausbleiben der erwarteten messianischen Drangsal und des Reiches nach der Aussendung der Jünger, sowie der in jene Zeit fallende Tod Johannes des Täufers bringen eine Wandlung in der Leidensvorstellung hervor, auf Grund deren Jesus nicht mehr wie bisher annimmt, er werde mit den Erwählten zusammen in den schon überirdischen Charakter aufweisenden „Wehen des Messias" leiden, sondern die letztere Vorstellung außer Kraft setzt und Leiden und Tod als ein historisches Ereignis in der natürlichen Weltzeit erwartet, und annimmt, daß auf Grund desselben den andern das Leiden, durch das sie hindurch müßten, erspart wird.

Diese Modifizierung der Anschauung setzt eine Beeinflußbarkeit voraus, die den paranoischen Wahngebilden, welche sich nach einem feststehenden Typus entwickeln, nicht zukommt.

Ferner fehlt — wie schon bei Erörterung der von den drei Autoren angenommenen, einseitig expansiven Wahnentwicklung hervorgehoben wurde — das antagonistische Moment. Jesus hat tatsächlich Feinde und Widersacher gehabt, weil er sich gegen die engherzige und äußerliche Frömmigkeit der Pharisäer aussprach. Diesen nicht wahnhaften, sondern wirklichen Gegnern gegenüber verhält er sich diametral anders wie ein verfolgter Geisteskranker. Er bleibt nicht inaktiv oder beschränkt sich nicht auf Abwehr, wie so viele verfolgte Kranke, sondern sucht durch Handlungen, denen ein provokatorischer Charakter anhaftet — Vertreibung der Händler und Wechsler aus dem Tempelvorhof, Reden gegen die Pharisäer (Matth 23) — einen Konflikt mit der Obrigkeit herbeizuführen und ein Einschreiten gegen sich zu erzwingen, bis er zuletzt den Hohen Rat zum Entschluß bringt, sich seiner noch vor dem Feste zu entledigen.

Dies bewußte Hinarbeiten auf seinen Tod kann man keineswegs, wie Binet-Sanglé zu tun geneigt scheint, als krankhafte Selbstaufopferung bezeichnen und zu entsprechenden Handlungen Geisteskranker — für die der französische Autor selbstverständlich eine ganze Anzahl von Beispielen anführt — in Beziehung bringen. Wie schon erwähnt, stellt dieser Opfertod einen notwendigen Bestandteil des messianischen Denkens und Handelns Jesu dar.

Hinsichtlich der Frage der Sinnestäuschungen sei von vornherein bemerkt, daß de Loosten, Hirsch und Binet-Sanglé hier weit über die berichteten Tatsachen hinausgehen. Sie nehmen an, daß Jesus häufig oder gar massenhaft halluziniert habe, und stützen sich hierfür besonders auf Aussprüche Jesu im vierten Evangelium, die sie, und dazu noch sehr gewalttätig, in diesem Sinne deuten. Mit der Ungeschichtlichkeit dieser Quelle wird alles, was man über Sinnestäuschungen Jesu aus ihr herauszulesen glaubte, hinfällig. Auch die „Halluzination" in Gethsemane, auf die Binet-Sanglé des näheren eingeht — ein Engel soll Jesu vom Himmel erschienen sein (Lc 22 43) —, kann nicht in Frage kommen. Es handelt sich, wie sich aus dem Vergleich des Lukasevangeliums mit den beiden älteren ergibt, um eine legendarische Weiterbildung der Szene, die der Verhaftung vorangeht.

Daß die Annahme der drei Autoren, der vierzigtägige Wüstenaufenthalt Jesu sei mit zahlreichen Sinnestäuschungen ausgefüllt gewesen, jeder Grundlage in den Texten entbehrt, ist schon erwähnt worden. Aber auch die drei Versuchungen, von denen Matthäus (4 1—11) berichtet, sind nicht historisch, sie gehören der legendarischen Vorgeschichte an, wie schon David Friedrich Strauß richtig bemerkt hat. Ueberhaupt ist die ganze Wüstenepisode nur als ein literarisches Produkt zu bewerten, das aus alttestamentlichen Motiven erwuchs. Wie Moses sich vor der Offenbarung des Gesetzes vierzig Tage in der Einsamkeit aufgehalten hat (2. Mose 24 18), so soll es auch Jesus getan haben, ehe er sein

Amt antrat. Und da die Wüste als Aufenthalt der bösen Geister gedacht ist, muß er von ihnen versucht worden sein [1]).

In der Geschichte der Verklärung auf dem Berge handelt es sich gar nicht um Sinnestäuschungen Jesu, sondern um solche der drei intimen Jünger, die mit ihm sind, wie sich aus dem Berichte (Mc 9 2—8) deutlich ergibt. Während sie mit ihm weilten, wurde er, wird erzählt, vor ihnen „verwandelt". Seine Kleider erschienen ihnen leuchtend weiß, und sie sahen Elias und Moses zu ihm treten und sich mit ihm unterhalten. Nachher hörten sie eine Simme aus den Wolken „Dies ist mein geliebter Sohn, höret auf ihn", und, plötzlich um sich schauend, sahen sie niemand mehr denn Jesum allein bei ihnen [2]).

Ob die Halluzinationen bei der Taufe wirklich historisch sind, ist auch zweifelhaft. Man muß sich immer wieder klar darüber werden, daß der Nazarener erst mit dem Tage, wo er predigend in Galiläa erscheint, in das Licht der Geschichte tritt, und daß alles, was vorher spielt, der dunklen nnd unsicheren Ueberlieferung angehört. Es ist möglich, daß die Entstehung der Geschichte der Taufe aus alttestamentlichen Motiven zu erklären sei. Die Stimme aus dem Himmel klingt merkwürdig mit dem siebenten Vers des zweiten, allgemein messianisch gedeuteten Psalms zusammen. Auffällig ist auch, daß Jesus, wo er seinen Jüngern seine Messianität bekannt gibt (Mc 8 27—30),

1) Der Prozeß, der zur Entstehung dieser Erzählungen geführt hat, läßt sich noch deutlich verfolgen. Markus berichtet nur allgemein, daß Jesus vierzig Tage, vom Teufel versucht und von Engeln bedient, sich in der Wüste aufgehalten habe (Mc 1 12—13). Matthäus füllt diesen Rahmen durch bestimmte Erzählungen aus.

2) Wahrscheinlich handelt es sich in der primären Ueberlieferung dieser Szene nur um Sinnestäuschungen des Petrus, die dann, weil die beiden andern auch zugegen waren, von der späteren Berichterstattung auch diesen zugeschrieben wurden. Man erinnere sich, daß es auch Petrus ist, der die ersten Visionen Jesu nach dessen Tode hat.

nicht erwähnt, daß er in der Taufe zu dieser Würde berufen worden ist, und daß auch Paulus die Taufe Jesu überhaupt nicht anführt.

Vorausgesetzt, daß die Sinnestäuschung am Jordan historisch ist, so läßt sich vom psychiatrischen Standpunkt aus so viel sagen, daß es sich um kohärente gleichzeitige Sinnestäuschungen auf optischem und akustischem Gebiet handelt, daß der Inhalt der halluzinierten Rede expansiv gefärbt ist und daß er in seiner Fassung an ein Wort aus einem allgemein messianisch gedeuteten Psalm erinnert.

Affektiv gefärbte Sinnestäuschungen — und auch Binet-Sanglé erkennt dies an — finden sich nicht nur bei Geisteskranken. Sie kommen auch bei affektiv sehr erregbaren Individuen vor, die aber durchaus noch in die Gesundheitsbreite fallen können. Ueberdies bedenke man, wie sehr die Lektüre der im Alten Testament beschriebenen Prophetenvisionen, die spätjüdischen Vorstellungen überhaupt und die gewaltige Aufregung, die mit der Erwartung der unmittelbaren Nähe des Weltendes gegeben war, das Aufkommen von Sinnestäuschungen bei hierfür veranlagten Individuen erleichterten. Jedenfalls gestattet das Vorkommen dieses einen halluzinatorischen Ereignisses, wenn man es als historisch ansehen will, nicht den Schluß auf das Bestehen einer Geisteskrankheit.

Hinsichtlich des Verhaltens des Affekts behaupten de Loosten und Binet-Sanglé, daß bei Jesus krankhafte Stimmungsschwankungen vorliegen. Zunächst wäre zu untersuchen, ob bei ihm überhaupt Stimmungsschwankungen zu konstatieren sind. Gewiß läßt sich feststellen, daß bei Jesus Perioden gesteigerter Aktivität mit andern abwechseln, in denen er das Volk zu meiden und sich in die Einsamkeit zurückzuziehen sucht. Er entfaltet keine zusammenhängende und geordnete Tätigkeit. Sein öffentliches Auftreten löst sich in ein ziemlich ungeordnetes Hin und Her von

Fahrten auf, in denen er bald auf dem Ostufer erscheint, bald nach dem Westufer zurückkehrt, bis er sich zuletzt nach dem Norden in die Einsamkeit begibt.

Dieser Wechsel zwischen öffentlicher Tätigkeit und Aufsuchen der Einsamkeit ist zunächst so unerklärlich, daß man versucht sein kann, ihn mit Stimmungsschwankungen in Zusammenhang zu bringen. Sehr verlockend ist für die Pathographen in dieser Hinsicht der Bericht von dem ersten Auftreten Jesu in Kapernaum (Mc 1 21—39). Es wird erzählt, daß er, nachdem er am Tage in der Synagoge geredet und am Abend viele „Heilungen" vollbracht, in der Nacht „entwichen" und am Morgen von Petrus und den Genossen in einsamer Gegend gefunden worden sei, sich aber nicht habe bewegen lassen, vorerst in die Stadt, in der alles auf ihn wartete, zurückzukehren.

Aber dieses „Entweichen" und spätere ähnliche Versuche hängen nicht mit Stimmungsschwankungen zusammen. Es handelt sich nur darum, daß Jesus aus bestimmten Gründen, die uns zum Teil noch ersichtlich sind, die Ansammlungen des Volks zu meiden sucht. Einer der hauptsächlichsten bestand darin, daß er sich dem entziehen wollte, daß man ihm von allen Seiten die Besessenen und Kranken zuführte, um Heilungen von ihm zu erlangen. Besonders das Zusammentreffen mit den ersteren war ihm, wie sich aus bezeichnenden Einzelheiten des Markusberichts ergibt (Mc 1 34; 3 12), äußerst unerwünscht.

An sonstigen krankhaften Merkmalen vermögen Binet-Sanglé und de Loosten nicht viel anzuführen. Hauptsächlich stützen sie sich auf den Mangel an Familiensinn, den sie im Verhalten Jesu zu seinen Angehörigen und in einer Reihe von Aussprüchen zu entdecken glauben, und den Mangel an geschlechtlichem Empfinden, für den sie das Wort über die Eunuchen (Matth 19 10—12) anführen.

Jesus nimmt seiner Familie gegenüber eine ablehnende Haltung ein, weil ihn die Angehörigen nach Hause holen und am öffentlichen Auftreten verhindern wollen (Mc 3 21). Wenn er ferner die Bande, die der gemeinsame Glaube an die Nähe des Reiches Gottes zwischen Menschen knüpft, für heiliger erklärt als die des Blutes (Mc 3 31—35), und verlangt, daß man in der kommenden Verfolgung sich nicht durch Rücksicht auf Verwandte zum Abfall bewegen lassen dürfe, so liegt hier nicht ein pathographisch zu verwertender Mangel an Familiensinn vor, sondern eine besondere, aus zeitgeschichtlich bedingten und eigenartigen Voraussetzungen zu erklärende Anschauung, wie überhaupt alles, was nach modernen Begriffen in dem ethischen Verhalten und der Verkündigung Jesu von den Pathographen als moralischer Defekt angesehen wird, sich aus jenen Prämissen erklärt.

Das Wort über die Eunuchen und die, die sich um des Reiches Gottes willen zu solchen gemacht haben, ist auffällig. Die Pathographen, die aus ihm ein krankhaftes sexuelles Empfinden herauslesen wollen, sind jedoch im Irrtum. Sie bemerken nicht, daß Jesus sich kurz vorher (Matth 19 3—9) über die Ehe sehr natürlich und bejahend geäußert hat.

Den Schlüssel zu dem vielbesprochenen und viel mißdeuteten Ausspruch bieten Aeußerungen in alttestamentlichen und spätjüdischen Schriften. In 5. Mose 23 1 ist bestimmt, daß die Eunuchen aus der religiösen Gemeinschaft ausgeschlossen bleiben. In einem späteren nachexilischen prophetischen Schreiben, das dem Buche Jesaia angehängt wurde und für den weitherzigen Standpunkt jener Periode charakteristisch ist, wird ihnen verheißen, daß sie beim Halten von Gesetz und Sabbath vom Herrn herrlichen Lohn empfangen werden und, zur Entschädigung für die mangelnde Nachkommenschaft, in der erwarteten Zukunft den andern nicht nur gleichgestellt, sondern ihnen sogar übergeordnet werden sollen (Jes 56 3—5). Aehnlich äußert sich das im ersten Jahrhundert

v. Chr. entstandene Buch der „Weisheit Salomos" (3 13 u. 14).

Der Ausspruch Jesu bewegt sich in derselben Richtung. Er sieht in den Eunuchen die Verachteten, die im Reiche Gottes, wie die Kinder, zu Ehren bestimmt sind, weil sie vorher zu den Zurückgesetzten gehörten. Im Anschluß daran spricht er es als eine geheimnisvolle Vermutung aus, daß Menschen, um der besonderen künftigen Ehren teilhaftig zu werden, sich selber in die Klasse dieser Verachteten versetzt haben. Für ihn selbst kann dieser Fall nicht in Betracht kommen, weil er in der Abstammung von David eine ganz einzigartige Anwartschaft auf eine hohe Stelle im Reiche Gottes besitzt. Das Wort hat also mit dem geschlechtlichen Empfinden nichts zu tun, sondern erklärt sich aus vorgefundenen spätjüdischen Vorstellungen.

Es bleibt noch die anscheinend sinnlose Handlung der Verfluchung des Feigenbaumes zu erörtern (Mc 11 12—14). Die Erzählung ist uns in späterer Fassung überliefert, wie sich aus der Bemerkung, daß der Baum am folgenden Tag schon verdorrt gewesen sei (Mc 11 20), ergibt[1]. Als historischer Kern ist aber wohl festzuhalten, daß Jesus über einen Feigenbaum, an dem er vergeblich Nahrung gesucht hatte, den Fluch aussprach, daß in Ewigkeit niemand mehr an ihm Frucht finden sollte. Er verdammt ihn also gar nicht zum Verdorren, sondern zur Unfruchtbarkeit „für die Ewigkeit".

Von seinen Voraussetzungen aus ist aber, so merkwürdig es uns scheinen mag, die Handlung gar nicht sinnlos. Die spätjüdische Apokalyptik erwartete, daß auch die Natur an der Verwandlung teilhaben und einer wunderbaren Fruchtbarkeit fähig sein würde. So ergeht sich z. B. die Apokalypse Baruch in

1) Die Erzählung von der Beschwörung des Seesturmes (Mc 4 35—41) bleibe außer Betracht, weil sie schon ganz zu einem großen Naturwunder ausgestaltet und der historische Kern nicht mehr sicher erkennbar ist.

der Ausmalung des zukünftigen Ertrags eines einzigen Weinstocks (Apok. Bar. 29). Da Jesus das messianische Reich als ganz nahe erwartet, bezieht sich das Wort über den Baum auf das Schicksal desselben in der neuen Weltzeit. Während alle andern Gewächse wunderbare Fruchtbarkeit erlangen werden, soll er, weil er den unerkannten, in irdischer Niedrigkeit hungernden zukünftigen Messias durch seinen Blätterschmuck täuschte, unfruchtbar bleiben. Da vom Augenblick des Weltendes an der Messias der Herrscher über die ganze Welt ist, kündigt Jesus hier nur ein Urteil an, dessen Vollstreckung er in seiner zukünftigen Macht liegend glaubt. Es handelt sich also nicht um ein sinnloses Toben gegen die Naturordnung, sondern um eine Art von Vorwegnahme zukünftiger Befugnisse, die er auch sonst übt. So bestimmt er zum voraus, daß die zwölf Jünger beim letzten Gericht über die zwölf Stämme Israels Recht sprechen werden (Matth 19 28); so verkündet er den Fluch über galiläische Städte, die sich unbußfertig verhalten (Matth 11 20—24); so verdammt er Jerusalem, daß es zur Wüste werde (Matth 23 37—38).

In diesen und ähnlichen Worten handelt es sich um Versprechungen und Urteile, die er auszuführen gedenkt, sobald er in seine messianische Macht eingesetzt ist. Das Wort vom Feigenbaum ist eine unter einer ganzen Reihe derartiger Aeußerungen. So merkwürdig sie uns berühren, so verständlich sind sie von den spätjüdischen Voraussetzungen Jesu aus. Weil sie sich diese nicht vergegenwärtigen, kommen Binet-Sanglé und de Loosten hier und überhaupt dazu, Krankhaftes zu entdecken, wo es nicht vorliegt.

Die Kritik der angeführten Pathographien ergibt also folgendes:

1. Das in diesen Arbeiten verwandte Material ist zum großen Teil unhistorisch.

2. Von dem historisch gesicherten Material imponiert den Autoren eine Anzahl von Handlungen und Aeußerungen Jesu als pathologisch, weil sie mit der damaligen Zeitauffassung zu wenig vertraut sind, um ihr gerecht werden zu können. Eine Reihe von irrigen Auffassungen rühren auch daher, daß sie in die eigenartigen Probleme des Verlaufs des öffentlichen Auftretens Jesu keinen Einblick gewonnen haben.

3. Von diesen unrichtigen Voraussetzungen aus und unter Zuhilfenahme von durchaus hypothetischen Symptomen konstruieren sie Krankheitsbilder, die selbst Artefakte sind und überdies sich in die von den Autoren diagnostizierten klinischen Krankheitsformen nicht restlos einreihen lassen.

4. Die einzigen psychiatrisch eventuell zu diskutierenden und als historisch anzunehmenden Merkmale — die hohe Selbsteinschätzung Jesu und etwa noch die Halluzination bei der Taufe — reichen bei weitem nicht hin, um das Vorhandensein einer Geisteskrankheit nachzuweisen.

Emil Rasmussen[1]) kennt das geschichtliche Material viel besser als die bisher erwähnten Autoren, was sich schon daraus ergibt, daß er vom 4. Evangelium absieht. Er will eine „vergleichende psychopathologische Studie“ liefern und in die Psyche Jesu Einblick gewinnen, indem er ihn mit andern „Propheten“ und „Männern Gottes“ in Parallele stellt. Angeführt werden: die jüdischen Propheten, Buddha (550?—480 v. Chr.), Paulus († 64?), Mohammed (570?—632), Luther (1483—1546), Sabbatai Zewi aus Kleinasien (1626—1676), Swedenborg (1688 bis 1772), der Mahdi († 1885), der Heilige aus den Abruzzen Oreste de Amicio (1824—1889), David Lazzaretti, dem eine be-

1) Emil Rasmussen, „Jesus“. Eine vergleichende psychopathologische Studie. Deutsch von Arthur Rothenburg. Leipzig 1905, 166 S.

sondere Studie gewidmet ist [1]), die Gründer des Bahaismus Mirza Ali Mohammed († 1852) und Mirza Hussein Ali (1817 bis 1892) und der Däne Sören Kierkegaard (1813—1855).

Rasmussen ist der Meinung, daß diese „Propheten" und „Männer Gottes" ein Krankheitsbild bieten, das der Psychiater genau als epileptische Geisteskrankheit zu diagnostizieren vermöge.

Alle bei alten und modernen Propheten beobachteten Symptome will der dänische Autor auch bei Jesus finden. Dieser soll eine „Angsterfahrung" ohnegleichen zeigen, bei der Tempelaustreibung in „Tobsucht" verfallen, an Halluzinationen leiden, in seinem widerspruchsvollen Charakter unmäßiges Selbstgefühl und anormales Leben der Sinne offenbaren, dem Wahne huldigen, für die Menschheit zu leiden und sie entsühnen zu können.

Da Rasmussen die „Einzelsymptome" bei Jesus nicht psychiatrisch erörtert, sondern den Nazarener einfach unter den von ihm konstruierten Prophetentypus subsumiert, so kann nur seine Diagnose im allgemeinen besprochen werden. Warum er auf Epilepsie erkennt, ist nicht recht ersichtlich. Der psychiatrisch schlecht beratene Autor identifiziert den epileptischen Charakter — als Paradigmata werden einige historische Größen angeführt, deren „Epilepsie" noch nicht erwiesen ist — mit vereinzelten psychopathischen Zügen, die er bei Jesus nachweisen zu können glaubt. Derartige Züge finden sich jedoch bei allen vom Durchschnitt abweichenden Veranlagungen. Auch epileptiforme Zustände gehören zu ihnen. Ihr Vorkommen — selbst vorausgesetzt, daß sich solche bei Jesus nachweisen ließen — berechtigt aber noch lange nicht, die Diagnose Epilepsie zu stellen.

Daß Rasmussen selbst seine Diagnose nicht ganz über jeden Zweifel erhaben erachtet, beweist eine Anmerkung, in der er die

1) Emil Rasmussen, „Ein Christus aus unsern Tagen", Leipzig 1906, 238 S.

Möglichkeit, daß es sich bei Jesus um „Paranoia" handeln könne, offen lassen will [1]). Die psychiatrischen Allgemeinbemerkungen, in denen er sich bei dieser Gelegenheit ergeht, beweisen, daß die Psychiatrie, wie sie sich in seinem Kopfe malt, ein chaotisches Gebilde darstellt. Der Satz „Es soll denn auch nicht von vornherein die Möglichkeit ausgeschlossen werden, daß nicht bloß Epilepsie, sondern auch Paranoia, Dementia paralytica und möglicherweise hysterische Geisteskrankheit die Propheten- und Christusgestalten hervorbringen können", läßt eine eingehende Diskussion der psychiatrischen Auffassung Rasmussens ausgeschlossen erscheinen. Der medizinische Wert einer vergleichenden Untersuchung, wie er sie anstellt, ist gleich null zu bemessen.

1) S. 133.

Zeitfracht Medien GmbH
Ferdinand-Jühlke-Straße 7
99095 Erfurt, Deutschland
produktsicherheit@kolibri360.de